Die Soziale Arbeit in der Bedrängnis!

NONPROFIT-ORGANISATIONEN AUS ÖKONOMISCHER PERSPEKTIVE - WIRTSCHAFTLICHKEIT DURCH DAS SOZIALMANAGEMENT

VON HANS-CHRISTIAN BURKART

STUDIENARBEIT

FACHHOCHSCHULE KÖLN

Inhalt

Einleitung

Die vorliegende Hausarbeit beschäftigt sich mit Nonprofit-Organisationen aus einem ökonomischen Blickwinkel, um Schwierigkeiten für das Management aufzudecken. Parallel dazu wird das Sozialmanagement als Pflichtaufgabe für soziale Organisationen herausgearbeitet und als Garant für mehr Wirtschaftlichkeit veranschaulicht. Da die Soziale Arbeit in Deutschland ein geringes gesellschaftliches Ansehen erhält, werden Studenten/-innen der Sozialen Arbeit häufig mit der herab wertenden Frage konfrontiert: Was machen Sozialarbeiter/-innen denn eigentlich? Auf Grund dieser Frage ist es mir ein Bedürfnis zu ergründen, was Sozialarbeiter/-innen im ökonomischen Sinne produzieren und wo sich ihr Produkt im Wirtschaftssystem ausmachen lässt.

Der Hauptteil beginnt mit einer einleitenden Darstellung, in der die Relevanz und die Hintergründe der Thematik verdeutlicht werden. Das anschließende 2. Kapitel beinhaltet die ökonomische Perspektive auf Nonprofit-Organisationen. Hier werden ökonomische Zusammenhänge aufgezeigt und wichtige sozialwirtschaftliche Begriffe miteinbezogen in eine ökonomische Lokalisierung Sozialer Arbeit. Daraufhin wird das Produkt der Sozialarbeiter/-innen identifiziert, um es mit dem Sozialmarkt und dem *Ökonomischen Prinzip* in Verbindung zu bringen. Im 3. Kapitel werden Kernfunktion des Managements erläutert und besondere Aufgabenbereiche in sozialen Organisationen aufgeführt. Danach werden die in der Arbeit festgestellten Anforderungsbereiche des Managements thematisiert und entsprechende Lösungsansätze vorgelegt. Das Ende des 3. Kapitels umfasst Perspektiven und aktuelle Tendenzen. An dieser Stelle wird signalisiert, dass die Thematik als Herausforderung betrachtet werden muss. Zum Abschluss der Arbeit werde ich die gewonnenen Erkenntnisse zusammenfassend formulieren und meine Meinung zum Thema äußern.

Als Literaturgrundlage dieser Arbeit diente mir vor allem das Buch „Lehrbuch für Sozialwissenschaften" von Ulli Arnold und Bernd Maelicke, um mir einen Überblick vom noch relativ jungen Feld der Sozialwirtschaft zu erarbeiten.

1. Einleitende Darstellung – Die Soziale Arbeit in der Bedrängnis!

Setzt man sich mit Management in der Sozialen Arbeit auseinander, so ist die Fachdiskussion über eine verstärkte Managementorientierung der sozialen Organisationen allgegenwärtig. Es Stellt sich die Frage, wieso die Management-Diskussion zum Ende der 1980er Jahre intensiven Einzug in die Fachliteratur und sozialarbeiterische Praxis genommen hat. (Vgl. Merchel 2009: 51 f.)

Der Themenbereich gewann an Bedeutung, weil in der Bundesrepublik Deutschland bis in die 1980er Jahre neu aufkommende soziale Probleme mit der Bereitstellung von Ressourcen beantwortet wurden. „Die Logik einer Problembewältigung durch Ressourcenausweitung bekam bereits Mitte der 1980er Jahre erste Risse." (Merchel 2009: 52) Der wachsende Hilfebedarf und der damit verbundende

Finanzaufwand konnte nicht mehr von den sozialen Organisationen bewältigt werden. Merchel (2009) beschreibt „eine Scherenentwicklung zwischen dem wachsenden Bedarf an sozialen Hilfeleistungen einerseits und der immer schwieriger werdenden Finanzsituation [...] andererseits." (54) Eine direkte Folge war, dass sich der Druck wirtschaftlich zu handeln auf soziale Organisationen erhöhte. Zugleich verlor das Subsidiaritätsprinzip als Legitimationsbasis für die plurale Trägerstruktur in der Sozialen Arbeit durch neuere Gesetzgebung im Pflegeversicherungsgesetz und im Bundessozialhilfegesetz an Wirkung. Dies führt dazu, „dass die ehemals vorhandene Privilegierung freier gemeinnütziger Träger [...] allmählich einem an Effektivitäts- und Effizienzgesichtspunkten ausgerichteten Kalkül weichen muss." (Merchel 2003: 22) In diesem Zusammenhang spricht Merchel (2009) von einer „schleichenden Erosion" (57). Während auf politisch-normativer Ebene der Subsidiaritätsgrundsatz kaum in Frage gestellt wird, ist auf operativer Ebene der Sozialpolitik eine Tendenz der Verdrängung der Privilegierung freier Träger auszumachen. (Vgl. Merchel 2009: 57) Ein genauerer Blick zeigt einen politisch gewollten Wettbewerb im sozialen Dienstleistungssektor, der ein Preisleistungswettbewerb unter den sozialen Organisationen erzeugte und ein Wettbewerb um die potentiellen Kunden bzw. Adressaten Sozialer Arbeit nach sich zog. Letzeres zielt auf eine Verbesserung der Steuerungs- und Entscheidungsmöglichkeiten der eigentlichen Nutzer der sozialen Dienstleistung. Weil auch die Kritik an der Erbringung der sozialen Dienstleistung lauter wurde, entwickelte das Eindringen des Managements in soziale Organisationen eine zunehmende Bedeutsamkeit. Diese Kritik umfasst viele Bereich der sozialen Organisation von einer zu geringer Transparenz über mangelnde Flexibilität bis hin zu unzureichender Adressatenbeteiligung ist kaum ein Bereich nicht erwähnt worden. (Vgl. Merchel 2009: 66 ff.)

Vor dem Hintergrund des Finanzdrucks, der Legitimationsproblematik, des eingeführten Wettbewerbs und der Kritik an der Erbringung werden aktuell soziale Organisationen dazu aufgefordert als Dienstleister zu agieren, die nach ökonomischen Kriterien arbeiten sollen. Es zeigt sich bedrohlich, dass dieses Umdenken zwar nachvollziehbar analysiert wird, doch fließen die Ergebnisse kaum als Handlungsentwürfe, die ökonomische Denkweisen und neue Tendenzen produktiv aufgreifen, in die Praxis mit ein. (Vgl. Lutz 2008: 3) Man kann diese Tendenz noch klarer formulieren: „[Die; MW] Soziale Arbeit befindet sich in Bedrängnis." (Lutz 2008: 3) Die Veränderungen sind zu einer Herausforderung für die Profession herangewachsen, der sie sich nicht entziehen kann. Obwohl Nonprofit-Organisationen in Deutschland einen Wirtschaftssektor mit Milliarden-Umsätze und hohen Beschäftigungszahlen darstellen, ist die Soziale Arbeit aus „der traditionellen ökonomischen Sichtweise [...] eher Wohlfahrtsver(sch)wender, denn Wohlfahrtsproduzent, und Nonprofit-Organisationen werden als Organisationen ohne Erwerbszweck dem konsumtiven Sektors der privat Haushalte zugeordnet." (Finis Siegler 1997: 165) Erschwerend kommt hinzu, dass es die Soziale Arbeit selbst lange vorzog etwas zu verschleiern, statt das Geforderte einzubringen. (Vgl. Finis Siegler 1997: 165) Alles im allen sieht Merchel (2009) soziale Einrichtungen in ihrer Existenz bedroht, wenn der Umgang mit den Anforderungen nicht zu einer zumindest teilweise erfolgreichen Bearbeitung wird. Dieser Umstand macht „eine verstärkte Zuwendung zu Denkweisen und Methoden des Managements erforderlich." (55)

2. Die NPO in der Sozialen Arbeit – ökonomische Perspektive

2.1. Für die Thematik wichtige ökonomische Grundlagen

Das wirtschaftliche Handeln geht immer aus einem Mangelempfinden des Menschen und seiner Absicht dies zu befriedigen hervor. Es gibt bewusste und nicht bewusste Bedürfnisse, die sich nach ihrer Dringlichkeit hierarchisch anordnen lassen. Eine Anordnung ist auf den Psychologen Abraham Maslow zurückzuführen, der die sog. *„Maslowasche Bedürfnispyramide"* entwickelte. Erfolgt die Befriedigung von Bedürfnissen über Güter, darunter fallen auch soziale Dienstleistungen, setzt dies Kaufkraft (Zahlungsmittel) voraus. Ist der Mensch mit seinem Bedürfnis bereit, für die Bedürfnisbefriedigung Kaufkraft aufzuwenden, so entsteht Bedarf. Der Bedarf wird zur Nachfrage, wenn er auf dem Markt in Erscheinung tritt, das heißt, wenn der Bedarfsträger Mensch das Gewünschte vom Anbieter genauer der Anbieterschaft (zu kaufen) verlangt. (Vgl. May 2001: 3 f.) Die Herstellung der Güter, die der Bedürfnisbefriedigung dienen, werden durch einen Transformationsprozess auf ihrem Produktionsweg durch Einwirkung der Produktionsfaktoren: Boden, Arbeit, Kapital, dispositive Faktoren (Planung, Organisation), technischer Fortschritt und Bildung gefertigt. (Vgl. May 2001: 8 f.)

Die Realität, dass die menschlichen Bedürfnisse vielfältiger sind als die zur Befriedigung benötigten Gütermengen, „schafft ein Spannungsverhältnis, in dem eine Vielzahl von Wünschen [...] um ihre Befriedigung konkurrieren." (May 2001: 6) Aus dieser Konfliktsituation heraus bedient sich der Mensch i.d.R. der Wahlmöglichkeit, um eine Lösung zu finden. Dabei vergleicht der Bedürfnisträger Mensch die Bedürfnisbefriedigungsmöglichkeiten und entscheidet sich für die aus seiner Sicht günstigste. Der Konflikt zwischen Bedürfnis und einer Knappheit an Gütern ist der Kern des Verlangens nach optimaler Erbringung der Befriedigung. Hätte der Mensch alle Güter zur Verfügung, so hätte er auch keine Bedürfnisse und die Wirtschaft würde nicht funktionieren. Folglich setzt der Mensch eingesetzte Mittel und das Ergebnis ins Verhältnis – der Mensch wirtschaftet. Das Wirtschaften folgt dem *Ökonomischen Prinzip* (Rationalprinzip), das an zwei Richtlinien gebunden ist: Entweder ein angestrebter Erfolg soll mit einem Minimum an Aufwand erlangt werden oder mit gegebenen Mitteln soll ein maximaler Erfolg erlangt werden. (Vgl. May 2001: 6 f.)

2.2. Ökonomische Lokalisierung Sozialer Arbeit

Die Nonprofit-Organisationen (kurz: NPO) haben in der modernen Gesellschaft eine große wirtschaftliche, soziale und kulturelle Bedeutung. Sie agieren vor allem in der Dienstleistungsbranche. Für die Soziale Arbeit sind besonders relevante Bereiche: das Kulturwesen, das Bildungs- und Erziehungswesen und das Sozialwesen. Die NPO tragen mit ihrer täglichen Güterversorgung dazu bei den Wohlstand der Gesellschaft zu erzeugen. Tatsächlich geraten die Leistungen häufig erst in den Fokus der Öffentlichkeit, wenn ihre Leistungen eingestellt werden. (Vgl. Badelt 2002: 3 ff.)

Der Begriff „NPO" verweist auf ein Merkmal, das charakteristisch für diesen Organisationtypus ist: „das Fehlen einer Gewinnorientierung." (Merchel 2009: 33) Allerdingst bedeutet dies nicht, dass NPO keine Gewinne erzielen dürfen, aber sie dürfen die Gewinne „nicht für private, außerhalb des Sachziels der NPO liegende Zwecke verwenden." (Merchel 2009: 34) Somit ist das Definitionsmerkmal der NPO nicht primär in der Zulässigkeit der Gewinnerzielung zu finden, vielmehr befindet es sich in der Gewinnverwendung. In dieser Hinsicht unterscheiden sich NPO von gewerblichen Unternehmen darin, dass das Erzielen von Gewinnen nicht als wesentlicher Zweck im Mittelpunkt des Organisationshandelns steht und damit nicht als zentraler Erfolgsmaßstab dient. Des Weiteren ist bei einer Gewinnerzielung, diese nicht privat, sondern in das verbesserte Erreichen des Sachziels der Organisation zu investieren. (Vgl. Merchel 2009: 33 f.)

Damit wurden zentrale Charakteristika der NPO dargelegt. Aber wird an der vorangegangen Definition der NPO auch deutlich, dass sich eine ökonomische Lokalisierung Sozialer Arbeit als schwierig erweist, weil der Begriff dieses Organisationstypus sehr vieldeutig ist. Doch ist Eins unumstritten, „dass NPO Institutionen darstellen, die zwischen ‚Staat und Markt' angesiedelt sind." (Arnold 2009a: 389) Es ist eine Organisationsform die weder öffentlich bzw. staatlich noch erwerbswirtschaftlich ist. Neben der fehlenden Gewinnorientierung macht Arnold (2009a) deutlich, dass NPO „eine formale Organisationsstruktur haben, organisatorisch unabhängig vom Staat agieren, [...] in ihrem Management autonom sind [und; MW] zu einem gewissen Grad von freiwilligen Beiträgen getragen werden." (390) So lässt sich resümieren, dass freie Träger (Vereine, Verbände, Stiftungen, gGmbHs, Selbsthilfegruppen usw.), die als Organisationstypus in der Sozialen Arbeit mehrheitlich vorzufinden sind, zum sog. „Dritten Sektor" gehören. (Vgl. Arnold 2009a: 389 f.) Bezogen auf die großen Wohlfahrtsverbände (Caritas, AWO, Diakonie etc.) wird deutlich, dass auch diese NPO sind. „Die Wohlfahrtsverbände bilden einen größeren Wirtschaftszweig als der Fahrzeugbau, die Chemische Industrie, das Ernährungsgewerbe und der Bergbau." (Merchel 2003: 77) Auch beschäftigen sie mehr Mitarbeiter/-innen als der Maschinenbau. Und mehr noch: Im Verglich zu öffentlichen Trägern der Sozialen Arbeit betreiben freie Träger in einem prozentual größeren Anteil Soziale Arbeit. (Vgl. Merchel 2003. 74 ff.)

Mit dem Begriff „Dritter Sektor" oder auch „Nonprofit-Sektor" wird klarer, wo sich die Soziale Arbeit ökonomisch verorten lässt. Der Dritte Sektor ist ein Dienstleistungssektor, dessen

Besonderheiten darin bestehen, dass er in einem Zwischenbereich neben dem Staat und Markt steht. Organisationen des Dritten Sektors gehören nicht gänzlich dem Markt- oder Staatssektor an. In Anbetracht des finanziellen und personellen Aspekts besteht allerdings eine Abhängigkeit vom Staat. Aber sind die Organisationsformen und deren Handlungsbereiche auch im Dritten Sektor sehr heterogen. Vertreten sind hier sowohl kleinen Selbsthilfe Gruppen mit geringen Formalisierungsgrad als auch Aktiengesellschaften als Rechtsform öffentlicher Wirtschaftsbetriebe. (Vgl. Merchel 2009: 37 f.) Der Begriff „Dritter Sektor" versucht eine bestimmte Organisationsform zu beschreiben, dabei darf er nicht mit dem tertiären Sektor verwechselt werden. Denn eine Einteilung der Gesellschaft in drei Sektoren (Markt, Staat, Nonprofit) übersieht den sog. informellen Sektor (Gemeinschaft). Dieser kommt alleine, ohne formelle Organisationsstrukturen, mit Hilfe des Zusammengehörigkeitsgefühls (Liebe, Freundschaft, emotionale Bindung etc.) aus. Arnold (2009a) macht darauf Aufmerksam, dass die „gesellschaftliche Bedeutung solcher informellen Beziehungssysteme [...] nicht zu übersehen [ist; MW] und ihre Vernachlässigung muss deshalb verwundern." (391)

Um Aufschluss über den ökonomischen Standort Sozialer Arbeit zu geben, dient der Begriff *intermediärer Bereich* (Evers 1990: zit. nach Arnold 2009a: 392) als Schlüsselbegriff. Er beschreibt einen Bereich der zwischen Staat, Markt und Gemeinschaft angesiedelt ist. Es sollte seine Aufgabe sein in einer Art Dreiecksbeziehung eine Verbindung zwischen den drei Bereichen herzustellen. Die Regulation dieses Sektors verläuft durch einen Mix von Bürokratie, Solidarität und freiheitlichem Tausch. Dabei gibt es keine eindeutigen Grenzen zu den drei Bereichen, jedoch existiert ein besonderer Berührungspunkt der sozialarbeiterischen NPO zum Gemeinschaftsbereich. Von den dortigen Aktivitäten erhält sie nämlich häufig ihre Impulse. Je nach Ausrichtung der NPO der Sozialen Arbeit ist sie mal mehr der eine oder andere Bereich, klare Grenzen sind nur schwer auszumachen. Im Ergebnis kann man aber festhalten, dass sich NPO der Sozialen Arbeit überwiegend im *„intermediären Bereich"* (Ebd.: 392) lokalisieren lassen, deshalb werden sie u.a. auch *„intermediäre Organisation"* (Ebd.: 392) genannt. Die freien Träger der Sozialen Arbeit haben (noch) häufig eher mehr Berührung mit dem Bereichen Staat und Gemeinschaft als mit dem Markt, doch ist der Bereich Markt nicht gänzlich auszuschließen. (Vgl. Arnold 2009a: 389 ff.)

2.3. Das Produkt der Sozialarbeiter/-innen

Soziale Arbeit aus einer ökonomischen Perspektive betrachtet bedeutet, sie als Dienstleistung zu verstehen. Bei den Dienstleistungen unterscheidet man zwischen sachbezogenen und personenbezogenen Dienstleistungen. Während die sachbezogene Dienstleistung auf die Einwirkung eines Gegenstands zielt z.B. die Autoreparatur, richtet sich eine personenbezogene Dienstleistung direkt an den Menschen z.B. in einer Beratungsstelle. (Vgl. Merchel 2009: 45 f.) Das Handeln der Sozialarbeiter/-innen in NPO ist also überwiegend eine „personenbezogene soziale Dienstleistung." (Merchel 2009: 45) Soziale Dienstleistungen sind grundsätzlich in ihrer Kernleistung nicht sichtbar oder greifbar, somit durch *Immaterialität* bzw.

Intangibilität gekennzeichnet. Zudem weisen sie eine Unteilbarkeit auf, weil Produktion und Konsum zugleich erfolgen. Der Produktionsprozess ist also gleichzeitig die Phase des Konsums, in diesem Zusammenhang wird auch vom *Uno-actu-Prinzip* gesprochen. Die Voraussetzung für die personenbezogene Dienstleistung ist ein intensiver Kontakt zwischen Produzent und Konsument. Dadurch weisen sie eine Standortgebundenheit und eine hohe Individualität auf. (Vgl. Arnold 2009b: 438 f.) Soziale Arbeit produziert dabei nicht nur individuellen, sondern auch gesellschaftlichen Nutzen. Sie ist eine Dienstleistung, die jedoch eine Besonderheit aufweist. Sie wird i.d.R. „nicht am Markt angeboten und auch nicht nachgefragt, sondern öffentlich bereitgestellt [...]." (Finis Siegler 1997: 103) Dienstleistungen in der Sozialwirtschaft werden häufig durch politische Willensbildung bedingt, öffentlich zur Verfügung gestellt, obwohl sie grundsätzlich auch über Märkte gehandelt werden könnten, sind sie als *Kollektivgüter* oder *meritorische* Güter (sozialer Frieden, Sicherheit, Gemeinwohl etc.) zu bezeichnen. Für die gilt eine nichtschlüssige Tauschbeziehung zwischen Produzent, Konsument und Kostenträger der Leistung. Im Zuge der sich verändernden Lebenslagen und neu aufkommender sozialer Probleme ist eine zunehmende Bedeutung der NPO als Anbieter sozialer Dienstleistungen zu beobachten, die mit Steuerungsmängeln von Markt und Staat begründet wird. (Vgl. Finis Siegler 1997: 102 ff.)

2.4. Der Tausch von immateriellen Gütern auf dem Sozialmarkt

Bevor auf den Tittel des Kapitels eingegangen wird, sollte vorab der im Kapitel verwendete Begriff „Kunde" im Kontext Sozialer Arbeit begründet werden. Auch wenn dieser umstritten ist, so kann er im Sinne der Management-Diskussion bedeuten, dass neue Aspekte im Klienten entdeckt werden. Solche die unter der Klientenperspektive nicht wahrgenommen werden. Auch erhält der Begriff „Kunde" für den Klienten mehr Würde, denn der Kundenbegriff mahnt die Sozialarbeiter/-innen eine Distanz zu wahren, welche unter Klientenorientierung leicht verloren geht. (Vgl. Meinhold, Matul 2003: 36 f.) Außerdem meint Merchel (2009), dass der Begriff „die Aufmerksamkeit auf die Notwendigkeit, sich Adressatenwünsche stärker bewusst zu machen" (49) lenkt.

In der folgenden Ausführung wird der Tausch des Produkts der Sozialarbeiter/-innen auf dem Sozialmarkt etwas genauer betrachtet. Der Austausch im erwerbswirtschaftlichen Bereich folgt einer schlüssigen Tauschbeziehung: Der Betrieb erbringt die Leistung, der Kunde bezahlt dafür. Deshalb nimmt der Kunde in diesem Bereich für das Management eine zentrale Bedeutung ein. Anders sieht die Situation für NPO als Dienstleister auf dem Sozialmarkt aus. Hier gibt es neben einem Betrieb und Kunden noch eine weitere einflussreiche Instanz für die Tauschbeziehung: den Kostenträger (Mitglieder, Spender, staatliche Institutionen). Also steht einer Leistung keine direkte Gegenleistung des Kunden gegenüber, sondern werden soziale Dienstleistungen zuvor von mehreren Institutionen ausgehandelt bzw. bürokratisch verordnet. Dies schafft eine besondere Schwierigkeit für das Management der NPO. „Durch die Nicht-Schlüssigkeit der Austauschbeziehung fehlt in der Sozialwirtschaft eine wichtige anbietergerichtete Rückinformation:" (Arnold 2009c: 551) Der Kunde kann nur verbal auf sich aufmerksam machen. Dabei kommt erschwerend hinzu, dass dieser oft nicht in der Lage ist zum Ausdruck zu bringen, welche Bedürfnisse er hat. Es besteht die Gefahr das soziale Dienstleistungen an den Bedürfnissen der Kunden vorbeizielen. Zudem kann es zur Übernachfrage von Leistungen kommen, weil im subjektiven Kalkül mehr meist besser ist. (Vgl. Arnold 2009c: 550 f.) Vor dem Hintergrund, dass Einrichtungen der Sozialen Arbeit zwar überwiegend in einer nichtschlüssigen Tauschbeziehung stehen, jedoch in den unterschiedlichen Arbeitsfeldern eine Vielzahl verschiedender Ausmaße der Kostenbeteiligung des Kunden herrscht, behauptet Merchel (2009), dass die in Kapitel 2 beschriebenen Wettbewerblichen Elemente „im Hinblick auf einen ‚nutzerorientierten Wettbewerb' einen Schritt in Richtung ‚Schlüssigkeit' von Tauschbeziehungen bedeuten." (78)

2.5. Soziale Arbeit und das Ökonomische Prinzip

Es zeigt sich also, dass die in Kapitel 2.3 beschriebene Dienstleistungsproduktion der Sozialarbeiter/-innen eine wirtschaftliche Tätigkeit ist, für die auch das *Ökonomische Prinzip* eine Rolle spielt. „Soziale Dienstleistungen werden in bedarfswirtschaftlichen Unternehmen erstellt." (Finis Siegler 1997: 125) Im Produktionsprozess wird ein *Input* (knappe Ressourcen) in ein *Output* (Ergebnis, Zufriedenheit) transformiert, der sich nur schwer als Zahl belegen lässt. Das Management der NPO hat die Aufgabe diesen *Input* zu beschaffen und möglichst effizient zu verwenden, damit das angestrebte Ziel erreicht und die Existenz der NPO dauerhaft gesichert ist. (Vgl. Finis Siegler 1997: 124)

Das in Kapitel 2.1 beschriebene *Ökonomischen Prinzip,* das auf ein Maximierungsverfahren in allen Sektoren angewandt und auf unterschiedliche Ziele ausgerichtet werden kann, wird „auf die substantiellen Ziele der Sozialen Arbeit angewendet: Wie läßt [sic!] sich Soziale Arbeit am ressourcenschonendsten verwirklichen?" (Finis Siegler 1997: 126) Erwähnt wurde, dass Soziale Arbeit als soziale Dienstleistung i.d.R. nicht am Markt von zahlungskräftigen Kunden gegen Entgelt verkauf wird, darum ist es schwer sie gewinnbringend zu produzieren. Aus dieser Sicht sollte der für manche Sozialarbeiter/-innen negative Beigeschmack der Begriffe „Wirtschaftlichkeit" oder „Rationalität" verfallen. Vielmehr erhalten die Klienten durch Wirtschaftlichkeit eine bedürfnisadäquate Produktion sozialer Dienstleistungen. Im Sinne der Sozialen Arbeit kann die Gewinnmaximierung nicht das Thema von Effizienz sein – aber Wirtschaftlichkeit.

Wirtschaftliches Einsetzten von Ressourcen in der Sozialen Arbeit bedeutet: Das *Ökonomische Prinzip* auf den sozialen Auftrag anzuwenden. Demzufolge ist rationales Management nicht nur für gewinnorientierte Unternehmen eine Notwendigkeit. Die Zielerreichung ist auch ein Thema für die Soziale Arbeit und damit die Frage nach der Effektivität, doch müssen dafür zuvor Ziele klar und verbindlich anvisiert werden. (Finis Siegler 1997: 124 ff.)

3. Wirtschaftlichkeit in NPO durch das Sozialmanagement

3.1. Management in sozialen Organisationen

Im Zuge der veränderten Rahmenbedingen (Kap. 1) für soziale Organisationen, ist die Hinwendung zu einer verstärkten Managementorientierung eine Notwendigkeit geworden. Der Begriff „Management" findet im heutigen Sprachgebrauch vielerlei Verwendung: Man „managt" z.B. seine Freizeit und viele andere Situationen. Wenn man allerdings Management auf seine wirtschaftliche Ausprägung zurückführt, umfasst dieser Begriff zwei Aspekte: den funktionellen Aspekt und den institutionellen Aspekt. (Vgl. Horak, Heimerl 2002: 186)

Der funktionelle Aspekt beinhaltet alle Aufgaben, „die in arbeitsteiligen Organisationen notwendig werden, wie Planung, Organisation, Führung, Kontrolle [...];" (Merchel 2009: 19) Der institutionelle Aspekt beschreibt die Institution in einer Organisation die Management betreibt. „Innerhalb einer Organisation sind das Stellen mit Weisungsbefugnis; Führungskräfte sind jene Mitarbeiter, die mit der Erfüllung von

Gestaltungs- Lenkungsaufgaben betraut sind." (Horak, Heimerl 2002: 187) Management hat die Funktion ein Unternehmen, das sich an seine spezifische Umwelt verhalten und bewegen muss, zu lenken, zu gestalten und zu entwickeln. Um diese Funktion zu erfüllen, ist Handel des Managements auf drei Ebenen erforderlich: auf den Handlungsebenen des strategischen, operativen und normativen Managements. Die spezifischen Aufgaben des Managements werden deutlich, wenn man sich die Einflussfaktoren, die auf ein Unternehmen wirken, bewusst macht. Unternehmen stehen in einer Beziehung zum Absatzmarkt (Kunden), Beschaffungsmarkt (Lieferanten), Finanzmarkt (Geldgeber) und Personalmarkt (Mitarbeiter). Im Kern ist die Managementaufgabe: Umgang mit Druck von verschiedenen Teilmärkten und das Aufrechterhalten einer Stabilität des Unternehmens angesichts des Drucks. Soziale Organisationen als ein System zu begreifen, das in Wechselwirkung zur Umwelt steht, bedeutet möglichst allgemeingültige Prinzipien in der Managementlehre vergeblich zu suchen. Denn gerade soziale Organisationen weisen eine hohe Dynamik auf. Vielmehr zielt Managementlehre darauf Kategorien zur Verfügung zu stellen und Handlungsoptionen zu diskutieren. Situative Bedingungen einer Einrichtung können mit Hilfe des Managements analysiert und auf eine Handlungsmöglichkeit ausgerichtet werden. (Vgl. Merchel 2009: 20 ff.)

Der viel diskutierte Begriff „Sozialmanagement" schildert die Anwendung des ökonomischen Kalküls unter den fachbezogenen Bedingungen von Organisationen der Sozialen Arbeit. Damit diesen zu mehr Wirtschaftlichkeit verholfen werden kann. Im Vordergrund steht die zentrale Frage, inwiefern

Managementwissen aus dem gewerblichen Bereich für Organisationen der Sozialen Arbeit von Nutzen sein kann. Es wird auffällig, dass das Management von außen an die Profession der Sozialen Arbeit herangetragen wurde. (Vgl. Merchel 2009: 24 ff.) Allerdings kann die Profession sich der Anforderung, das Management auf die Soziale Arbeit zu übertragen, nicht entziehen, wenn man nicht „die Existenz ihrer Einrichtungen aufs Spiel setzen will." (Merchel 2009: 26)

3.2. Aufgabenkomplex des Managements – ein Überblick

Die Grundaufgaben des Managements sind in allen Organisationstypen gleich, deshalb werden auch NPO nach institutionellen und funktionellen Aspekten geführt. Darüber hinaus weisen NPO aber einige organisatorische Besonderheiten auf, die im Hinblick auf die Managementlehre gesondert betrachtet werden müssen. Diese gestalten die Managementaufgaben um einiges komplexer als in anderen Organisationstypen. (Vgl. Horak, Heimerl 2002: 192) Um den Rahmen dieser Arbeit nicht zu überschreiten, lassen sich einige wichtige Besonderheiten exemplarisch festhalten:

- NPO verfügen über ein mehrdimensionales und komplexeres Zielsystem, dies erschwert vor allem das Messen der Zielerreichung und setzt eine präzise Zielformulierung voraus;
- Auch wenn NPO in vielen Fällen nicht Preismarkttätig sind, spielt Marketing eine wesentliche Rolle, weil NPO sich an

Kunden orientieren die i.d.R. sehr vielschichtig und mit unterschiedlichen Bedürfnissen ausgestattet sind;

- Das Personalmanagement ist in NPO sehr stark durch differenzierte Personalstrukturen (Ehrenamt, Bezahlte) und individuelle Überlastungsphänomen (z.B. Burnout-Syndrom) geprägt;

- Der Angebots-Nachfrage-Markt besteht nicht, aber verfügen NPO über viele indirekte Finanzierungsmöglichkeiten, die durch das Management bestmöglich kombiniert werden müssen;

- Eine besondere Anforderungen stellt der Aufbau des Rechnungswesens und das Controlling insgesamt dar. Denn gerade auf Grund der hohen Komplexität sind NPO auf führungsunterstützende Systeme angewiesen;

- NPO sind oft sehr projektorientiert, deshalb spielen die Instrumente des Projektmanagements eine sehr wichtige Rolle.

- Auf die spezifischen Situationen der NPO muss auch im Rahmen der gesteuerten Veränderung, beim Umgang mit Konflikten (z.B. mangelnde Sanktionsmöglichkeiten beim Ehrenamtlichen) und beim konkreten Treffen von Entscheidungen Rücksicht genommen werden;

- Das Umfeld einer NPO als System ändert sich rasch, daher hat auch das Innovationsmanagement ein hohes Gewicht. Dies bedeutet sich ständig mit neuen Entwicklungen und Ansätzen auseinander zu setzen;

- Eine letzte wichtige Anforderung ist das Wissensmanagement, da Wissen ein entscheidender

Produktionsfaktor für NPO ist. (Vgl. Horak, Heimerl 2002: 192 ff.)

3.3. Ausgewählte Managementaufgaben und -konzepte

Der enorme Anforderungsumfang lässt sich mittlerweile durch zahlreiche Management- und Qualitätskonzepte effektiv bearbeiten. Einige davon sind: (Selbst)Evaluation im Kontext von Qualtätsmanagement, Balanced Scorecars (BSC), das EFQM-Modell, Qualitätsmanagement-Systeme nach ISO 9000, Total Quality Management (TQM), Lean Management usw. (Vgl. Meinhold, Matul 2003: 122 ff.) Im Verlauf der Arbeit (insb. Kap. 2.4, 2.5) wurde u.a. festgestellt, dass das Management vor der Schwierigkeit steht Ziele der NPO zu definieren und diese dann wirksam zu erreichen. Deshalb greift dieses Kapitel beispielhaft den Aufgabenbereich der Zieldefinition und Zielerreichung auf, indem das Controllingkonzept skizziert wird. Das Konzept geht auf diese Anforderungen ein und soll zur Beseitigung der Schwierigkeit verhelfen.

3.3.1. Zieldefinition in der NPO

Ohne eine Festlegung von Zielen ist das effektive und effiziente steuern einer Organisation nicht möglich. Angesichts der schweren Erfolgsmessung wird der Zielsetzungsprozess in NPO häufig gar nicht erst in Angriff genommen. NPO sind durch ihre Tradition und Geschichte i.d.R. ethisch orientiert. Die Werte Nächstenliebe, Solidarität etc. sind auch heute noch feste Normen für die Einrichtungen der freien Wohlfahrtspflege. Es ist offensichtlich, dass es zu einem Zielkonflikt zwischen der zunehmenden wirtschaftlichen Orientierung und der ethischen Grundorientierung einer NPO kommen kann. Das Management sollte beachten, dass Kunden und Mitarbeiter genau an diesen ethischen Orientierungen interessiert sind. Für das Management von NPO ergibt sich daraus die wichtige Aufgabe: Klarheit über die Unternehmensphilosophie und das Leitbild einer NPO zu schaffen. Das Management beteiligt sich daran, „Ziele zu entwickeln, deren Realisierung zu unterstützen und den Grad der Zielerreichung zu kontrollieren." (Maelicke 2009: 713) Die Ziele der NPO und der Mitarbeiter/-innen sind festzuschreiben. So ergibt sich eine Gesamtdarstellung aller Aufgaben, die in einem vorgegebenen Zeitrahmen erfüllt werden müssen. Eine Festschreibung der Ziele sollte jährlich neu erfolgen, um die NPO an äußere und innere Veränderungen anzupassen. Als Maßnahme zur Verbesserung bietet u.a. das Controllingkonzept einen engen Zusammenhang mit der Zieldefinition und Zielerreichung. (Vgl. Maelicke 2009: 712 f.)

3.3.2. Das Controllingkonzept

Im Nonprofit-Sektor wird Controlling zunehmend erfolgreich eingesetzt. Controlling leitet sich vom englischen Wortstamm *„control"* ab, damit hat das Wort viele Bedeutungen. Im Sinne der Grundfunktion dieses Systems bringen die Bedeutungen „lenken, steuern, regeln" zum Ausdruck was Controlling ist. Im Mittelpunkt des Controllings als führungsergänzendes und –unterstützendes System steht also nicht die Kontrolle. (Vgl. Eschenbach, Horak 2002: 381)

Das Controllingsystem lässt sich von seiner Grundidee her als sog. *„Controllingregelkeis"* darstellen. Die Basis bildet eine Analyse der Ausgangssituation und die Festlegung der Ziele einer NPO. Das Maß der Zielerreichung wird gemessen, mit dem Sollwert verglichen und dem Kostenträger offengelegt. Dieser reagiert auf Abweichungen mit entsprechenden Maßnahmen. Die Konsequenzen der Entscheidung des Kostenträgers wirken sich bei der nächsten Ist-Messung aus, werden wieder über das Berichtswesen zurückgekoppelt und führen ggf. zu weiterem Anpassungsverhalten. Zu guter Letzt steht also die Kontrolle, ob das Ziel erreicht wurde, falls nicht folgt die Ziel- oder Wegkorrektur, die eine Verbesserung der Zielerreichung beabsichtigt. (Vgl. Koch 2003: 15) „Controlling kann stark verallgemeinert als Informationsversorgung zum Zweck der besseren Zielerreichung verstanden werden." (Koch 2003: 15) Die ständige Rückkopplung und Steuerung der Zielerreichung ist die zentrale Aufgabe des höheren Managements in NPO. Controlling soll die betrieblichen Teilbereiche der NPO so zusammenführen, „dass es über die Koordinierung, Integration und Verdichtung notwendiger Führungsinformation zu einer Zentralisation von Planungs- und Kotrollfunktion im Sinne einer Steigerung der Effektivität und Effizienz [...] kommt." (Maelicke 2009: 716) Die zentrale Funktion des Controllings ist die Zielerreichung und Wachsamkeit über die Wirtschaftlichkeit einer NPO. Das Management hat die Aufgabe für das Controlling die bestmöglichen personellen und organisatorischen Rahmenbedingungen zu ermöglichen. (Vgl. Maelicke 2009: 716)

3.4. Perspektiven und aktuelle Tendenzen

Befasst man sich mit der Geschichte des heute existierenden Systems öffentlicher, feier gewerblicher Träger und Anbieter sozialer Dienstleistungen, so kann man drei Phasen der Entwicklung erkennen. Die Ursprungsphase beinhaltet überwiegend religiös motivierte ehrenamtliche Helfer, die Armen und Benachteiligten hilfeleisteten. Diese Phase wurde während der Weimarer Republik abgelöst. Es wurde eine 2. Phase durch die Gründung von regionalen und überregionalen Wohlfahrtsorganisationen und der öffentlichen Einführung von Jugend-, Sozial-, und Gesundheitsämtern eingeleitet. Nach dem 2. Weltkrieg „etablierte sich in einer 3. Phase das heute noch vorherrschende System des Welfare-Mix [...]." (Maelicke 2009: 703) Im Grunde genommen ein Angebot das aus hochprofessionalisierten Dienstleistungen (noch) vorwiegend in gemeinnützig orientierten NPO geleistet wird. (Vgl. Maelicke 2009: 703)

Jedoch hat sich die Situation im Kontext der dargestellten Veränderungen (Kap. 1) zugespitzt. Die Ausdehnung fachlicher Effektivität alleine genügt nicht mehr. Das Verhältnis zwischen Nutzen und Kosten sozialer Dienstleistungen ist in den Mittelpunkt getreten. Wer zu vergleichsweise wirtschaftlich interessanten Konditionen sein Produkt anbietet, hat auch in Zukunft die Chance auf dem Sozialmarkt zu bestehen. NPO haben es traditionell eher vorgezogen, das sie mehrheitlich ohne Markt, Wettbewerb und Gewinnorientierung den Bedarf der Kunden oder Klienten durch Leistungen befriedigten. Die 3. Phase neigt sich aber dem Ende zu. „Die Entwicklung geht hin zu Sozialwirtschaftlichen Organisationen (SWO), deren Zentrale Aufgabe die Erbringung von professionellen sozialen Dienstleistungen ist, die unter Effektivitäts- und Effizienzkriterien darstellbar und kontrollierbar sind." (Maelicke 2009: 706) Dies bedeutet für die sozialen Organisationen eine Hinwendung zu mehr Kundenorientierung, Wettbewerb, Markt und Marketing. (Vgl. Maelicke 2009: 704 ff.) Der Begriff der „Sozialwirtschaft" erhält Einzug in die Soziale Arbeit, dahinter verbergen sich neue Haltungen und veränderte Wege sozialarbeiterischen Denkens und Handelns. In Anbetracht dieser eingeleiteten 4. Phase muss die Soziale Arbeit: (Vgl. Lutz 2008: 3)

> „die Forderungen nach ‚Ökonomisierung' konstruktiv aufnehmen;
> sich noch viel Konsequenter als Dienstleister begreifen [...];
> aktuelle Tendenzen der Aktivierung und der Selbstorganisation ihrer Klientel in ihre Horizonte als organisierte Hilfe in der Moderne aufnehmen;

> den Spagat zwischen ihrem ethischen Selbstverständnis und den aktuellen politischen und ökonomischen Anforderungen bewältigen." (Lutz 2008: 3)

Das Zitierte betont einen offensiveren Umgang mit dieser Entwicklung und bietet die Chance, Möglichkeiten und Grenzen sozialarbeiterischen Handels aufzuzeigen. Denn je weniger die Soziale Arbeit sagen kann, welchen Beitrag sie zur gesellschaftlichen Wohlfahrtsproduktion leistet, desto leichter sind politische Ressourceneinsparungen im sozialen Bereich durchsetzbar. (Vgl. Finis Siegler 1997: 152)

4. Fazit

Zusammenfassend lässt sich sagen, dass nicht nur das Sozialmanagement notwendig geworden ist, sondern auch die daraus folgende Wirtschaftlichkeit für NPO überlebenswichtig ist. Gerade in sozialen Einrichtungen die als ein sehr komplexes System erarbeitet wurden und auf die viele Einflussfaktoren wirken, ist es bedeutungsvoll Steuerungs- und Führungselemente zu etablieren. Dabei darf man sich Management nicht als abgehobene „Chefpositionen" vorstellen, vielmehr geht es darum, dass alle Mitarbeiter/-innen mit einbezogen werden und am gleichen Strang ziehen, um Menschen konzentrierter für ihr Leben wieder Fit zu machen. In der Arbeit sind einige Kernprobleme von NPO aufgedeckt worden: Zieldefinition, Zielerreichung, Nutzerbeteiligung und die Messbarkeit der Leistung. Diese Probleme können durch das Management mit Hilfe von verschiedenen Instrumenten (z.B. durch Controlling) beseitigt werden. Damit eine soziale Organisation nicht nur wirtschaftlicher organisiert ist, sondern auch der Klient oder Kunde das bekommt was er verdient – eine professionelle Hilfe.

Um auf die Frage nach dem Produkt der Sozialarbeiter/-innen Bezug zu nehmen folgendes: Wir Sozialarbeiter/-innen tragen durch unsere professionelle personenbezogene soziale Dienstleistung in einem erheblichen Maße dazu bei, individuellen und gesellschaftlichen Wohlstand zu produzieren. Meiner Meinung nach würde unsere Gesellschaft ohne diese Produktion auseinanderbrechen, weil es zu vermehrter Kriminalität, Armut usw. kommen würde. Wir Sozialarbeiter/-innen setzen nicht nur professionelle Dienstleistungen um, die im Wirtschaftssystem einen wirtschaftlichen Tauschwert haben, sondern unsere Arbeit hat auch einen gesellschaftlichen Gebrauchswert. Man stelle sich vor, wie viele Menschen durch die Soziale Arbeit wieder in ein „geregeltes Leben" geführt werden und dadurch wieder am Arbeitsleben und an der Konsumkultur teilnehmen, indem sie z.B. wieder Kaufkraft aufbringen können. Auf Grund dieser Betrachtung ist die Wohlfahrtsproduktion der Sozialarbeiter/-innen für eine moderne Gesellschaft unwiderstehlich.

„Sozialarbeit zeigt sich als das schlechte Gewissen einer schlechten Gesellschaft." (Hollstein 1973: 206) Für mich hat dieses Zitat im Verlaufe meiner Arbeit eine eindringlichere Bedeutung bekommen. Die Gesellschaft ist nicht nur schlecht, weil sie an vielen Stellen sozial ungleich ist, sondern wird sie im Übertragenen Sinne auch auf mehreren Ebenen schlecht „gemanagt". Wie erwähnt (Kap. 2.3) führt das Versagen der verantwortlichen Instanzen zu einer zunehmenden Bedeutsamkeit der NPO in der Gesellschaft. Das „schlecht Gemanagte" müssen wir Sozialarbeiter/-innen nun besser managen. Problematisch sehe ich nur, dass wenn man sich den aktuellen Armutsbericht vor Augen hält und zusammen mit momentanen politischen Handlungen und der Wirtschaftskrise vergegenwärtigt, gibt es eine Tendenz – die Gesellschaft bekommt nicht unbedingt ein schlechteres Gewissen. Der springende Punkt für uns Sozialarbeiter/-innen besteht darin, dass wir mit den zu organisierenden Mitteln das Bestmögliche für unsere Klienten herausholen müssen, dabei hilft uns das Sozialmanagement.

5. Literaturverzeichnis

- **Arnold**, U., 2009a: Typologie Sozialwirtschaftlicher Organisationen. In: Arnold, U., Maelicke, B., (Hrsg.): Lehrbuch der Sozialwirtschaft. 3. Aufl. Baden-Baden, Nomos Verlag, S. 389-401.

- **Arnold**, U., 2009b: Besonderheiten der Dienstleistungsproduktion. In: Arnold, U., Maelicke, B., (Hrsg.): Lehrbuch der Sozialwirtschaft. 3. Aufl. Baden-Baden, Nomos Verlag, S. 438-457.

- **Arnold**, U., 2009c: Sozialmarketing. In: Arnold, U., Maelicke, B., (Hrsg.): Lehrbuch der Sozialwirtschaft. 3. Aufl. Baden-Baden, Nomos Verlag, S.550-599.

- **Badelt**, C., 2002: Zielsetzung und Inhalt des „Handbuchs der Nonprofit-Organisation". In: Badelt, C., (Hrsg.): Handbuch der Nonprofit Organisation. Strukturen und Management. 3. Aufl. Stuttgart, Schäffer-Poeschel Verlag, S. 3-18.

- **Eschenbach** R., **Horak** C., 2002: Rechnungswesen und Controlling in NPOs. In: Badelt, C., (Hrsg.): Handbuch der Nonprofit Organisation. Strukturen und Management. 3. Aufl. Stuttgart, Schäffer-Poeschel Verlag, S. 381-407.

- **Evers**, A. 1990: Im intermediären Bereich – Soziale Träger und Projekte zwischen Haushalt, Staat und Markt. In: Journal für Sozialforschung. Jg. 30, Heft 2, S. 189-210. (**zit. nach:** Arnold 2009a)

- **Finis Siegler**, B., 1997: Ökonomik Sozialer Arbeit. Freiburg, Lambertus Verlag.

- **Hollstein**, W., 1973: Hilfe und Kapital. Zur Funktionsbestimmung der Sozialarbeit. In: Hollstein W., Meinhold, M., (Hrsg.): Sozialarbeit unter kapitalistischen Produktionsbedingungen. Frankfurt a. M., Fischer Taschenbuch Verlag, S. 167-207.

- **Horak**, C., **Heimerl**, P., 2002: Management von NPOs – Eine Einführung. In: Badelt, C., (Hrsg.) 2002: Handbuch der

Nonprofit Organisation. Strukturen und Management. 3. Aufl. Stuttgart, Schäffer-Poeschel Verlag, S. 181-195.

- **Koch**, C., 2003: Balanced Scorecard (BSC). In: Boeßenecker, K.-H., u.a. (Hrsg.): Qualtitätskonzepte in der Sozialen Arbeit. Eine Orientierung für Ausbildung, Studium und Praxis. Weinheim, Basel, Berlin, BetzVotum Verlag, S. 15-22.

- **Lutz**, R., 2008: Perspektiven der sozialen Arbeit. In: APuZ. Wandel der Sozialen Arbeit - Beilage zur Wochenzeitung DAS PARLAMENT. Jg. 58, Heft 12-13, Frankfurt a. M., S. 3-10.

- **Maelicke**, B., 2009: Grundlagen des Managements in der Sozialwirtschaft. In: Arnold, U., Maelicke, B., (Hrsg.): Lehrbuch der Sozialwirtschaft. 3. Aufl. Baden-Baden, Nomos Verlag, S. 703-716.

- **May**, H., 2001: Ökonomie für Pädagogen. 10. Aufl. München, Oldenburg Verlag.

- **Meinhold**, M., **Matul** C., Wöhrle A. (Hrsg.), 2003: Qualitätsmanagement aus der Sicht von Sozialarbeit und Ökonomie. Baden-Baden, Nomos Verlag.

- **Merchel**, J., 2003: Trägerstrukturen in der Sozialen Arbeit. Eine Einführung. Weinheim & München, Juventa Verlag.

- **Merchel**, J., 2009: Sozialmanagement. Eine Einführung in Hintergründe, Anforderungen und Gestaltungsperspektiven des Managements in Einrichtungen der Sozialen Arbeit. 3. Aufl. Weinheim & München, Juventa Verlag.

www.ingramcontent.com/pod-product-compliance
Lightning Source LLC
Chambersburg PA
CBHW070926180526
45168CB00005B/2174